AF264099

PANTHÉON

DE LA

LÉGION-D'HONNEUR

publié sous la direction de

M. A. DAVONS

avec la collaboration de

M. AMÉDÉE BOUDIN

NOTICE EXTRAITE DU TOME Ier

BUREAUX

BOULEVARD MONTMARTRE, N° 10

PARIS — 1865

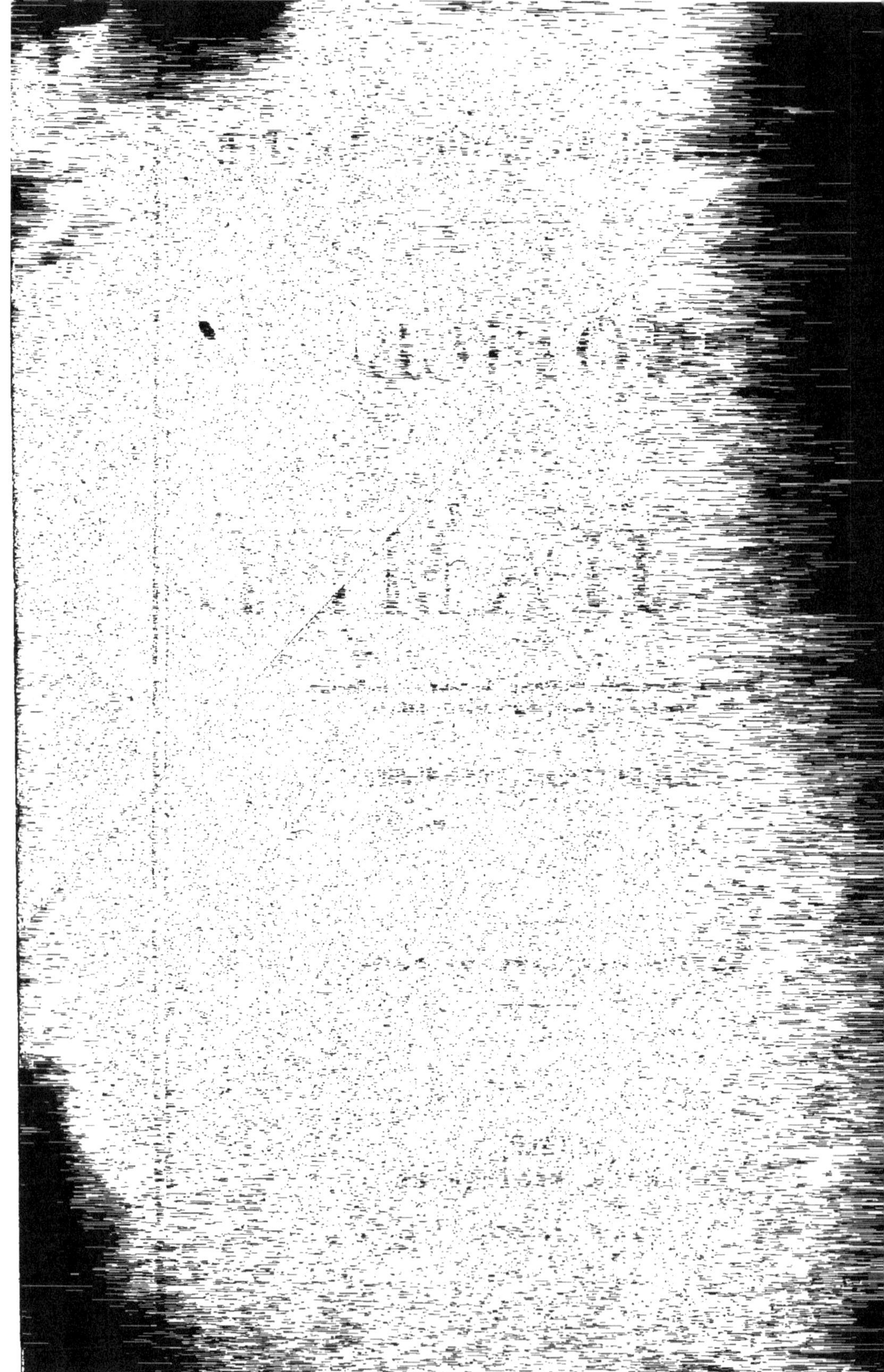

NOTICE

SUR

M. HAMEL

Ancien chirurgien-militaire, docteur en médecine,
Membre du Conseil général de l'Eure,

CHEVALIER DE LA LÉGION-D'HONNEUR.

NOTICE EXTRAITE DU TOME Ier

PARIS
BOULEVARD MONTMARTRE, 10

1865

HAMEL (Jean-Baptiste), chevalier de la Légion d'honneur, ancien chirurgien militaire, docteur en médecine, ancien commandant de la garde nationale de la ville de Brionne, membre du conseil général de l'Eure, décoré de la médaille de Sainte-Hélène, est né le 27 septembre 1791, à Launay-Bigards, canton de Beaumont-le-Roger (Eure). Tout en nous faisant une loi d'être sobres d'éloges dans un livre où, quoiqu'il y ait beaucoup à louer, la monotonie de la louange équivaudrait à la flatterie, nous ne pouvons nous empêcher de rendre, à l'occasion, pleine et entière justice à ces hommes généreux, dont l'amour du bien a été l'unique guide dans tout le cours de leur laborieuse carrière. Le docteur Hamel, — et nous ne sommes ici en conscience que l'écho de l'opinion publique, — est un de ces hommes privilégiés, dont chaque jour est marqué par une bonne action, et qui peuvent éternellement s'appliquer le mot de Titus, le meilleur des empereurs romains.

Enrôlé volontaire au 7ᵉ cuirassiers le 4 décembre 1809, le jeune Hamel fut nommé chirurgien militaire le 1ᵉʳ février 1811, et fit, en cette qualité, plusieurs campagnes, où il préluda, par l'activité de ses soins intelligents, à l'œuvre de dévouement qui devait caractériser sa vie entière. Rentré dans ses foyers, il ne tarda pas à être nommé maire de la commune de Boisney, canton de Brionne, arrondissement de Bernay (Eure), et en exerça les fonctions sans interruption de 1824 à 1832 ; huit années d'une administration toute paternelle, dont les habitants ont conservé le doux souvenir.

En 1836, il devint président des conférences des instituteurs de son canton, et, en 1837, membre du Comité supérieur de l'instruction publique de l'arrondissement de Bernay. Dire qu'il n'a cessé les premières fonctions qu'en 1848, et les secondes en 1847, c'est laisser deviner que son passage y a laissé des traces ineffaçables de son esprit pratique et de ses nobles sentiments.

Partout où il y a eu un poste important à confier à un homme digne de l'occuper, le suffrage de tous est venu trouver le docteur Hamel. En 1832, c'est la garde nationale de Brionne qui le choisit pour son commandant et le maintient dans ce grade jusqu'en 1832; de 1848 jusqu'à ce jour, il est président des délégués de l'instruction primaire pour le canton de Brionne; depuis 1842, il siége constamment au conseil général de l'Eure; préside la commission de statistique de Brionne; et son dévouement, que rien ne peut lasser, lui fait conserver, depuis vingt ans, les fonctions de capitaine des sapeurs-pompiers de la localité; or, ce n'est point là, on le sait, une sinécure de tous les jours

Mais ce n'est là encore qu'un des côtés de la vie du docteur Hamel, le côté actif, intelligent; son savoir, son expérience, comme le savoir et l'expérience de tout bon citoyen, sont au service de la cause de la civilisation et du progrès. — Il nous reste à montrer, en quelques mots, le côté de sa vie, où le cœur joue un si grand rôle. Si M. Hamel est prodigue de ses idées et de ses lumières dans toutes les fonctions administratives, municipales ou scientifiques qui lui incombent, il est encore plus prodigue de sa fortune au profit du bien public; il apparaît toujours là où il y a une souffrance à calmer, une misère à éteindre; sa bourse est ouverte à toutes les bonnes œuvres; aucun sacrifice personnel ne lui coûte, quand il s'agit d'améliorations sociales. Soulager les infirmités humaines, moraliser les masses, encourager la vertu, répandre et faire aimer la charité, telle est la noble et sainte mission que s'est imposée le docteur Hamel, et qu'il accomplit avec l'abnégation d'un apôtre. Ce serait peu que de dire qu'il est le médecin des pauvres; il est surtout leur bienfaiteur; car non-seulement ses soins leur sont donnés gratuitement, mais voilà presque un demi-siècle qu'il leur fait délivrer tous les médicaments nécessaires.

Un des plus honorables épisodes de la vie de M. Hamel, c'est sa conduite si noble, si dévouée, si digne de la gratitude publique, pendant la période républicaine de 1848; car chacun se plaît à rappeler, le cœur ému, les larmes aux yeux, avec quelle sollicitude paternelle il est alors venu en aide aux ouvriers des nombreuses fabriques de la ville de Brionne sans ouvrage comme tous les autres ouvriers, et réduits, malgré les ardeurs du soleil, à tirer du caillou sur la hauteur des côtes; il leur envoyait des tonneaux de cidre et leur faisait distribuer par M. Delot, adjoint de la ville, l'argent nécessaire à leurs besoins et à ceux de leurs familles. — Au reste, on ne se doute pas de l'importance du budget des bienfaits de ce digne citoyen. Tous les ans, — et cela depuis fort longtemps, — il fait, à ses frais, des distributions de prix à toutes les écoles primaires de son canton. Il a employé 4,000 francs à doter sa commune de deux pompes à incendies, munies de tous leurs accessoires, et a pourvu à l'habillement de deux compagnies de sapeurs-pompiers, dont il est l'officier commandant.

Ce qu'il nous faut dire encore, — car il n'y a rien d'oiseux dans la vie d'un homme de bien, — c'est que M. Hamel n'est pas seulement un savant, c'est aussi un artiste, presque un architecte, tout à fait un musicien de mérite et quelque peu compositeur. L'église de Boisney, bâtie au huitième siècle, mérite tout l'intérêt des archéologues. Ce monument, dont le clocher est tout en pierres, est supporté par quatre piliers, dont deux menaçaient ruine. Plusieurs architectes, appelés pour leur réparation et leur reconstruction, reculèrent devant le danger que présentait ce travail. Témoin du refus des hommes du métier, le docteur Hamel, — architecte improvisé, — trace un plan pour la réparation de ces piliers, le fait exécuter sous ses ordres, met lui-même la main à l'œuvre dans les moments critiques, et parvient ainsi, - par un miracle inouï, — à conserver un monument si précieux par son antiquité.

Enfin, M. Hamel, à qui tant de labeurs ne feraient supposer aucun loisir, a songé à faire de la musique un élément de civilisation, et hâtons-nous d'ajouter qu'il a été l'un des premiers à entrer dans cette heureuse voie; car il y a plus de vingt-cinq ans que cette idée est sortie de son cerveau, toute mûre pour la réalisation, et que, comme la traînée de poudre, elle n'a pas tardé à faire explosion dans tout le pays. Voilà donc qu'avec cet enthousiasme et cette abnégation qui le distinguent, il commence par organiser une société de quarante exécutants, laquelle se développe et se recrute si bien de nouveaux adhérents qu'elle compte aujourd'hui quatre-vingts musiciens, au nombre desquels se trouvent vingt petits trompettes-orphéonistes, tous habillés et munis de leurs instruments à ses frais. Il est à la fois leur chef d'orchestre, leur compositeur et leur professeur. Depuis plusieurs années, M. Hamel a divisé les vingt-trois communes de son canton en quatre circonscriptions. Deux fois par an, il se rend dans la commune la plus populeuse de chacune de ces circonscriptions, et y fait exécuter par ses musiciens une messe en musique, suivie d'une distribution de pain et d'argent à tous les pauvres des communes de la circonscription.

Indépendamment de la quête qui a lieu dans l'église, et dont le produit est complété de ses deniers, quand elle n'atteint pas le chiffre de cent francs, ces distributions lui reviennent à plus de deux mille francs par an. Dans toutes les fêtes des villes qui l'environnent, où il est appelé avec sa musique, M. Hamel consacre encore au moins mille francs aux quêtes faites pour les pauvres. Aussi le docteur Hamel possède-t-il l'amour autant que l'estime de ses compatriotes, qui l'appellent tous « leur digne chevalier, le vrai philanthrope, la gloire de leur pays. » Cependant, ce qui nous frappe particulièrement parmi cette foule de documents, qui nous est arrivée de toutes parts sur cet homme distingué, c'est leur enthousiaste unanimité à proclamer son mérite, — nous devrions dire presque son génie, — comme médecin. Sa clientèle, où figurent les personnages les plus illustres, en tête desquels nous nous permettrons de citer S. Exc. M. Troplong, président du Sénat, et M. le marquis de Croix, sénateur ; sa clientèle, disons-nous, que grossit chaque jour le bruit de ses cures miraculeuses dans les cas les plus désespérés, est aussi nombreuse qu'étendue ; car de vingt et de trente lieues à la ronde, on vient en foule en appeler à son *tact merveilleux*, à la *sûreté de son diagnostic* et de *sa médication*, pour emprunter quelques expressions caractéristiques à ses admirateurs mêmes ; et si les pauvres trouvent en lui un père et un bienfaiteur, les riches n'ont également qu'à se louer de ses conseils et de ses soins efficaces.

En résumé, le docteur Hamel, sous quelque aspect que nous l'examinions, nous paraît être l'une des figures les plus remarquablement accentuées de la patrie normande. Aux plus précieuses qualités de l'âme, de l'esprit et du cœur, il joint incontestablement la plus haute capacité, une science profonde, acquise dans l'étude et dans une pratique de plus d'un demi-siècle ; et nous concevons sans peine qu'il soit l'objet de la vénération de ses compatriotes, car il serait à Paris une des gloires de l'art médical. Mais, s'il ne brille d'un vif éclat que sur une modeste scène, il peut répéter avec César : « Il vaut mieux être le premier dans un village que le second à Rome ! »

Imprimerie CH. SCHILLER, Faubourg-Montmartre, 10.

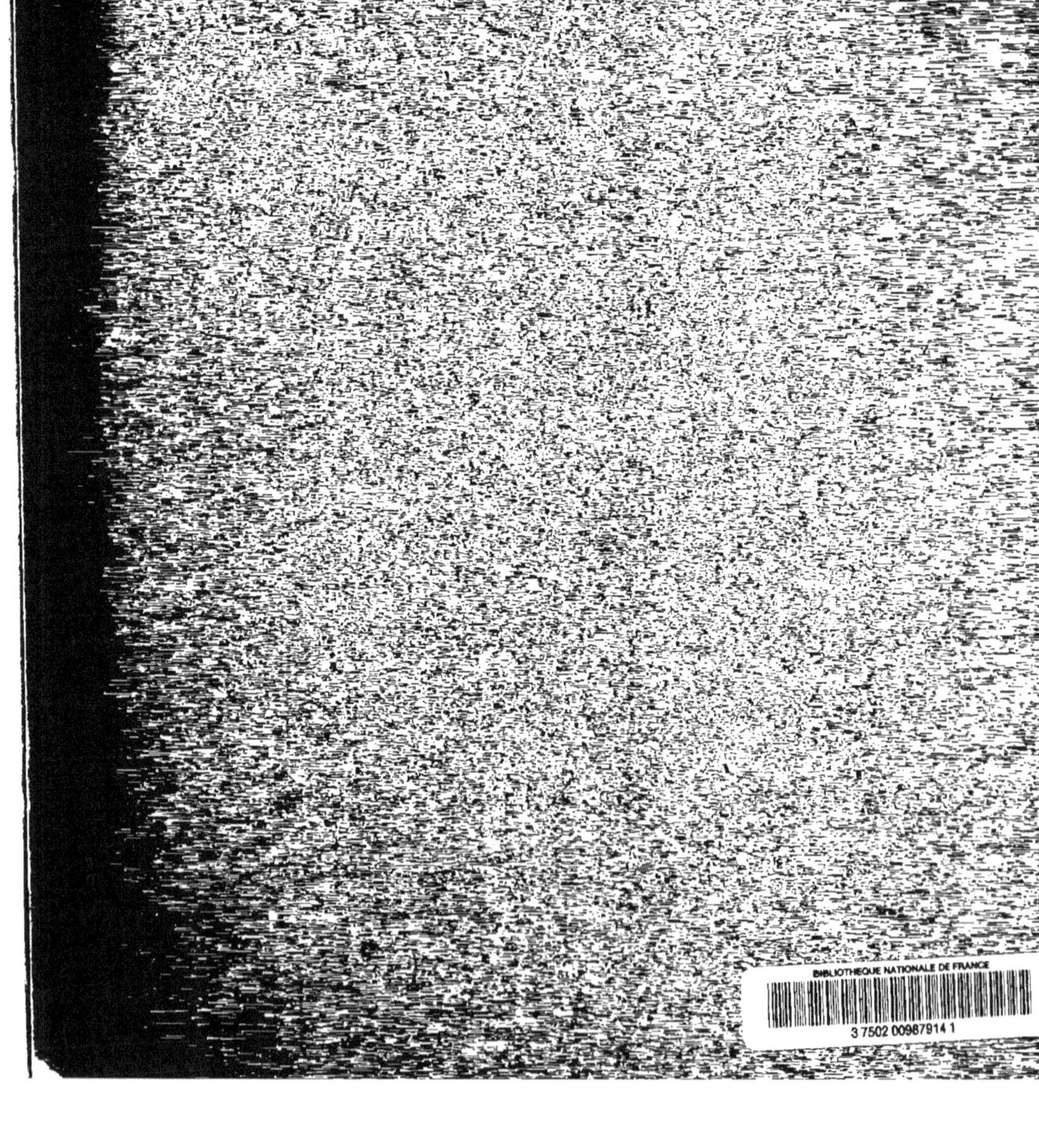